"共和国脊梁"科学家绘本丛书

揭开黄土的奥秘

刘东生的故事

张藜 任福君 主编

张佳静 著 李郭 绘

北京出版集团
北京出版社

前 言

回首近代的中国，积贫积弱，战火不断，民生凋敝。今天的中国，繁荣昌盛，国泰民安，欣欣向荣。当我们在享受如今的太平盛世时，不应忘记那些曾为祖国奉献了毕生心血的中国科学家。他们对民族复兴的使命担当、对科技创新的执着追求，标刻了民族精神的时代高度，书写了科学精神的永恒意义。他们爱国报国、敬业奉献、无私无畏、追求真理、不怕失败，为祖国科学事业的繁荣昌盛，默默地、无私地奉献着，是当之无愧的共和国脊梁，应被我们铭记。

孩子是祖国的未来，更是新时代的接班人。今天，我们更应为孩子们多树立优秀榜样，中国科学家就是其中之一。向孩子们讲述中国科学家的故事，弘扬其百折不挠、勇于创新的精神，是我们打造"'共和国脊梁'科学家绘本丛书"的初衷，也是对中国科学家的致敬。

丛书依托于"老科学家学术成长资料采集工程"（以下简称"采集工程"）。这项规模宏大的工程启动于 2010 年，由中国科协联合中组部、教育部、科技部、工信部、财政部、原文化部、中国科学院、中国工程院等 11 个单位实施，目前已采集了 500 多位中国科学家的学术成长资料，积累了一大批实物和研究成果，被誉为"共和国科技史的活档案"。"采集工程"在社会上产生了广泛影响，但成果受众多为中学生及成人。

为了丰富"采集工程"成果的展现形式，并为年龄更小的孩子们提供优质的精神食粮，"采集工程"学术团队与北京出版集团共同策划了本套丛书。丛书由多位中国科学院院士、科学家家属、科学史研究者、绘本研究者等组成顾问委员会、编委会和审稿专家团队，共同为图书质量把关。丛书主要由"采集工程"学术团队的学者担任文字作者，并由新锐青年插画师绘图。2017 年 9 月启动"'共和国脊梁'科学家绘本丛书"创作工程，精心打磨，倾注了多方人员的大量心血。

丛书通过绘本这种生动有趣的形式，向孩子们展示中国科学家的风采。根据"采集工程"积累的大量资料，如照片、手稿、音视频、研究报告等，我们在尊重科学史实的基础上，用简单易懂的文字、精美的绘画，讲述中国科学家的探索故事。每一本都有其特色，极具原创性。

丛书出版后，获得科学家家属、科学史研究者、绘本研究者等专业人士的高度认可，得到社会各界的高度好评，并获得多个奖项。

丛书选取了不同领域的多位中国科学家。他们是中国科学家的典型代表，对中国现代科学发展贡献巨大，他们的故事应当广泛流传。

"'共和国脊梁'科学家绘本丛书"的出版对"采集工程"而言，是一次大胆而有益的尝试。如何用更好的方式讲述中国科学家故事、弘扬科学家精神，是我们一直在思考的问题。希望孩子们能从书中汲取些许养分，也希望家长、老师们能多向孩子们讲述科学家故事，传递科学家精神。

"'共和国脊梁'科学家绘本丛书"编委会

致读者朋友

亲爱的读者朋友，很高兴你能翻开这套讲述中国科学家故事的绘本丛书。这些科学家为中国科学事业的繁荣昌盛做出了巨大贡献，是我们所有人的榜样，更是我们人生的指路明灯。

讲述科学家的故事并不容易，尤其是涉及专业词汇，这会使故事读起来有一些难度。在阅读过程中，我们有以下3点建议希望能为你提供帮助：

1.为了让阅读过程更顺畅，我们对一些比较难懂的词汇进行了说明，可以按照注释序号翻至"词汇园地"查看。如果有些词汇仍然不好理解，小朋友可以向大朋友请教。

2.在正文后附有科学家小传和年谱，以帮助你更好地认识每一位科学家，了解其个人经历与科学贡献，还可以把它们当作线索，进一步查找更多相关资料。

3.每本书的封底附有两个二维码。一个二维码是绘本的音频故事，扫码即可收听有声故事；另一个二维码是中国科学家博物馆的链接。中国科学家博物馆是专门以科学家为主题的博物馆，收藏着大量中国科学家的相关资料，希望这些丰富的资料能拓宽你的视野，让你感受到中国科学家的风采。

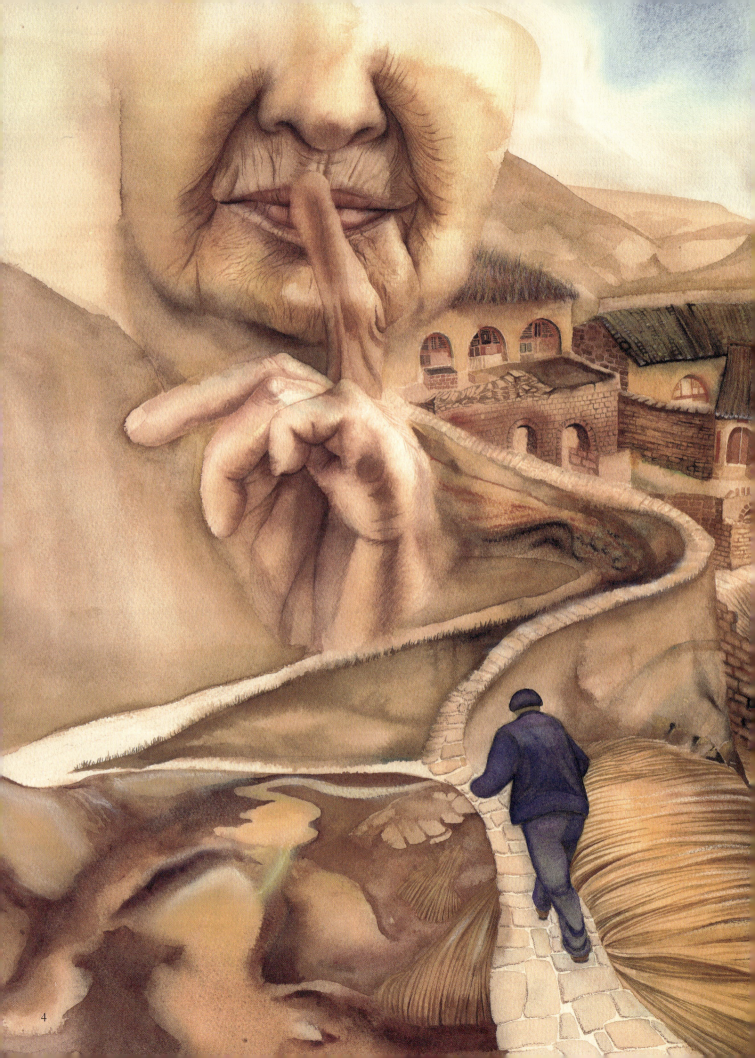

在中国的北方，
有一片古老的大地，
它身着黄衣裳，
被叫作黄土高原①。
千百年来，
黄土高原一直守着一个古老的秘密。
直到一个叫刘东生的人发现了它。

1917 年的冬天，
刘东生出生在中国东北。
父亲很重视对刘东生的教育，家境虽然不宽裕，
但他常常省下钱来给刘东生买书，
《小朋友》《儿童世界》《儿童画报》……
都是刘东生很喜欢的儿童读物。

上小学后，

刘东生经常跟着老师去野外学习，

他学会了辨别方向、观察星空、寻找北斗星。

放学后，

他经常和小伙伴一起玩耍，

到河里摸鱼、在河边捡贝壳、在树林里捉虫子，

玩得不亦乐乎。

有一天，父亲带刘东生去看电影，
这是刘东生第一次看电影。
大银幕上出现了他从来没有见过的雪山、牦牛，
这让刘东生感到新奇极了，
"原来外面的世界有这么多有趣的事物，
有这么多我不知道的奥秘"。

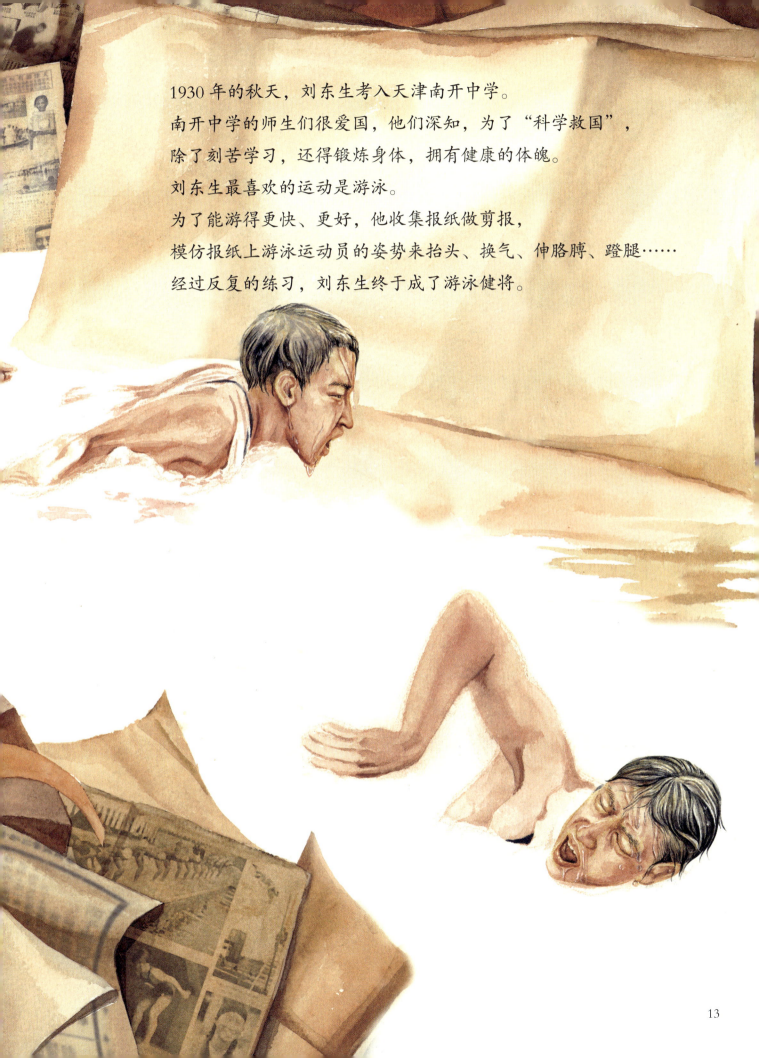

1930 年的秋天，刘东生考入天津南开中学。

南开中学的师生们很爱国，他们深知，为了"科学救国"，

除了刻苦学习，还得锻炼身体，拥有健康的体魄。

刘东生最喜欢的运动是游泳。

为了能游得更快、更好，他收集报纸做剪报，

模仿报纸上游泳运动员的姿势来抬头、换气、伸胳膊、蹬腿……

经过反复的练习，刘东生终于成了游泳健将。

从南开中学毕业后，几经周折，刘东生来到昆明，
进入西南联合大学②继续学习。
他选择了地质学③专业，他常说：
"只有了解祖国的山河，才谈得上热爱祖国。"
读这个专业很艰苦，经常要走进大自然，
翻山越岭，风吹日晒。
但刘东生很高兴，他知道大自然里藏着无数奥秘，
他迫不及待地想去了解它们。

新中国成立后，刘东生和许多科学家一起被派去黄土高原考察。
黄土高原是玉米、小麦的重要产地，
但由于水土流失④严重，粮食产量不高。
有一次，科学家在黄土高原结束考察时，当地老百姓敲锣打鼓，
热烈欢送考察队，他们期盼科学家们能解决黄土的问题，
帮助他们提高粮食产量。
老百姓的纯朴和热情让刘东生特别感动，
他下决心要弄懂黄土，
帮助老百姓。

要想弄懂黄土，首先要弄懂它是怎么来的。

有人说，黄土是山洪暴发冲来的；

有人说，黄土高原区以前是大海；

有人说，黄土是大风从遥远的地方吹来的；

还有人说，黄土是当地岩石风化形成的……

人们争论不休，没有定论。

刘东生下定决心，一定要弄清黄土的身世之谜。

为了解开这个谜团，

刘东生和伙伴们，开始对中国黄土进行系统、细致的科学考察。

他们翻山越岭，从黄土高原到戈壁滩，从青山到雪域，

或烈日炎炎，或寒风刺骨，

他们走遍了祖国广阔的黄土区域，

测量不同地区的黄土厚度，收集不同地区的黄土土样。

就像当年学游泳一样，刘东生一点儿也不畏惧困难。

他认真地做野外科考笔记，搜集查阅大量资料。

那个时候的科研条件较为落后，

只有一些简单的设备。

刘东生和伙伴们把辛苦得来的黄土土样放在显微镜下仔细观察，

他们数个数、比大小、看形状……

日复一日地画图、记录、分析。

刘东生和伙伴们从不抱怨研究工作的单调和重复。

他们知道，只有弄懂黄土的成因，

才能更彻底地弄懂黄土。

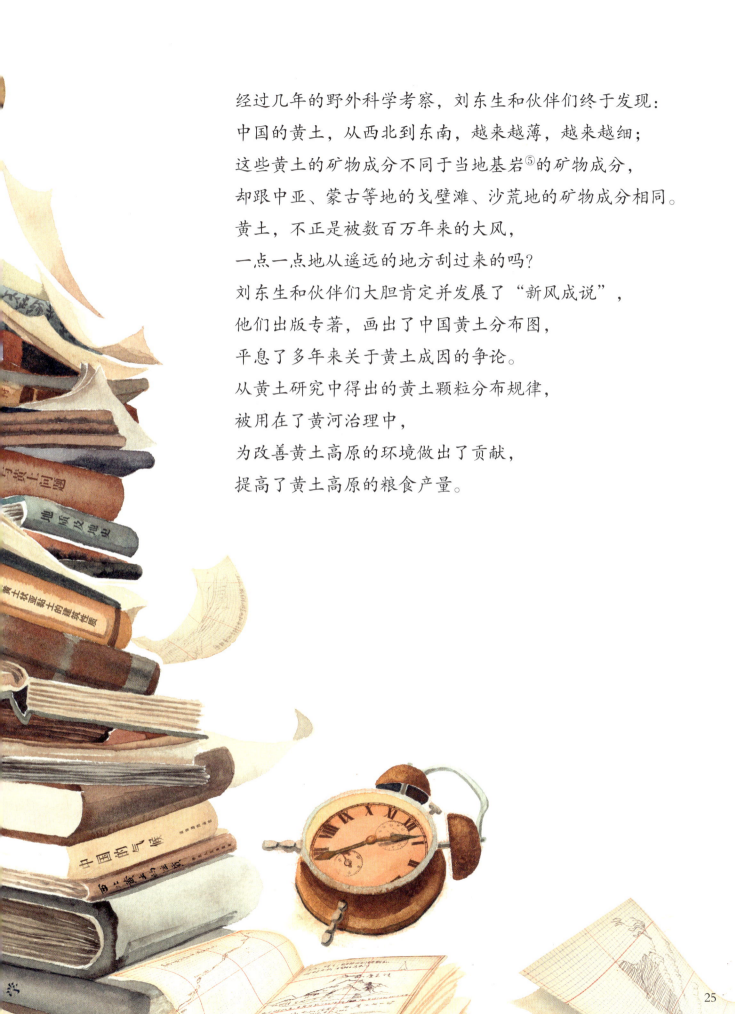

经过几年的野外科学考察，刘东生和伙伴们终于发现：

中国的黄土，从西北到东南，越来越薄，越来越细；

这些黄土的矿物成分不同于当地基岩⑤的矿物成分，

却跟中亚、蒙古等地的戈壁滩、沙荒地的矿物成分相同。

黄土，不正是被数百万年来的大风，

一点一点地从遥远的地方刮过来的吗？

刘东生和伙伴们大胆肯定并发展了"新风成说"，

他们出版专著，画出了中国黄土分布图，

平息了多年来关于黄土成因的争论。

从黄土研究中得出的黄土颗粒分布规律，

被用在了黄河治理中，

为改善黄土高原的环境做出了贡献，

提高了黄土高原的粮食产量。

对黄土研究得越深，

刘东生就越觉得它像一部厚厚的书，

里面还藏着很多很多的奥秘。

为了更深入地研究黄土，刘东生曾经带着精选的黄土土样，

到瑞士做实验，那里有更先进的仪器。

经过没日没夜的努力和思索，

终于得到了一条能反映古老气候变化的神秘曲线，

他给它取了一个名字——黄土磁化率曲线⑥。

从这条曲线上，人们就能了解过去的气候变化。

黄土这部厚厚的书，
记载着地球的沧桑历史。
在黄土中追寻历史，
能帮我们更好地面对现在和未来，
保护好我们唯一的家园——地球。
2002 年，因为在黄土研究中的突出贡献，
刘东生获得了国际环境科学界的诺贝尔奖——
泰勒环境成就奖⑦。

刘东生从来没有停下探索的脚步：

74 岁时，他参加南极科考队；79 岁时，他赴北极考察；

84 岁时，他第七次登上青藏高原；87 岁时，他穿越了罗布泊……

他还培养了很多学生，其中不少人都成了我国著名的地质学家。

黄土这部厚厚的书，也等待着更多的人去阅读、去揭秘。

刘东生小传

　　1917 年的隆冬，刘东生诞生在中国东北的奉天（今沈阳）。他的父亲在铁路局工作，尽管工作辛苦，收入不多，但他非常重视对刘东生的教育。在刘东生年幼时，父亲给他买了很多儿童读物，刘东生从书中了解到了大自然的神奇。父亲第一次带他看电影时，刘东生就被大银幕上的雪山、牦牛深深地吸引住了。这种对大自然的热爱与向往，伴随了他的一生。

　　读中学时，刘东生进入了位于天津的南开中学。南开中学是一所很有名的学校，非常重视学生的爱国主义教育，刘东生在南开中学得到了较为全面的发展。1937 年 7 月 7 日，刘东生正在回家的火车上，途经卢沟桥时，看到了气势汹汹的日本士兵，亲历了"卢沟桥事变"。正是在那一天，日本发动了全面侵略中国的战争。刘东生和家人不得不离家逃难，他们躲进了天津的英国租界里。

　　在天津时，刘东生曾和同学一起给小学生上课。他很想上大学继续深造，但当时中国很多城市都被日本人占领了，很多大学也被炸毁了。后来，同学告诉他，北京大学、清华大学、南开大学迁到了昆明，组成了西南联合大学，正在招生。

　　刘东生排除万难，到达了昆明，进入了西南联合大学。一开始，他学的是机械，后转至地质地理气象系，所学专业为地质学。那时，日军的飞机经常来轰炸，他和同学们一起，在动荡不安的环境中认真学习，刻苦钻研。

后来，刘东生进入了中国最好的地质研究机构——中央地质调查所⑧，跟随著名的古生物学家杨钟健先生进行古生物学⑨研究。这个学科很神奇，科研人员就像侦探一样，看到一颗古老的动物牙齿或者一块骨头，就能判断出它的主人是什么动物、有哪种食性。但刘东生缺乏古生物学知识，为了能做好研究、打好基础，刘东生到中央大学继续学习。他还对中央地质调查所收藏的全部标本和化石进行了整理、登记。通过系统的学习，刘东生终于成为古生物学领域的"破案"专家。

在新中国成立之初，百废待兴，为了能为国家生产服务，刘东生加入到探寻矿产资源的队伍中，他去了辽宁清原、吉林磐石、内蒙古白云鄂博等很多地方。1955 年，在一次黄土高原的野外考察中，刘东生明白了黄土对老百姓的重要性，从此把黄土作为自己一生的研究对象。在刘东生眼里，黄土像生命一样宝贵，更是一个巨大的地质文献库，隐含着地球环境变化的各种信息，还像一把万能钥匙，能够解开无数的谜。凭着在黄土研究中取得的成果，刘东生先后获得了泰勒环境成就奖、国家最高科学技术奖。

此外，刘东生在古脊椎动物学⑩、第四纪地质学⑪、环境科学⑫和环境地质学⑬等方面都取得了丰硕的研究成果。他还是一位杰出的教育家，培养了很多优秀的学生，其中好几位已经成为院士，在科学研究中都做出了突出的贡献。

刘东生是一位不平凡的科学家，他获得了常人难以企及的科学成就；他又是一位平凡的科学家，他的成就都是在一点一滴中积累起来的。他做事一丝不苟，每次去野外考察，不管多么辛苦，他都会认真做记录，留下了几百本工作笔记；他做事持之以恒，把对黄土的研究贯串了一生，哪怕年事已高也坚持去野外考察，几十年如一日。

刘东生揭开了黄土的奥秘，希望小朋友们能从刘东生的身上发现成功的奥秘。

刘 东 生 年 谱

1
1917 年
出生于奉天（今沈阳）。

3
1930 年
（13 岁）
考入天津南开中学。

5
1938 年
（21 岁）
考入西南联合大学机械系，随后转入地质地理气象系。

7
1946 年
（29 岁）
进入中央地质调查所工作；赴湖北宜昌，勘察三峡大坝坝址的地质情况。

9
1948 年
（31 岁）
跟随裴文中到甘肃、青海做考古研究；获中国地质学会颁发的第四届马以思奖。

11
1953 年
（36 岁）
赴内蒙古白云鄂博考察；调入中国科学院地质研究所。

13
1955 年
（38 岁）
参加黄河中游水土保持综合考察队。

2
1924 年
（7 岁）
进入奉天省立第二小学读书。

4
1933 年
（16 岁）
加入南开中学"海鸥游泳队"。

6
1941 年
（24 岁）
在云南武定和禄劝做地质调查，准备毕业论文。

8
1947 年
（30 岁）
跟随杨钟健进行古生物学研究，整理中央地质调查所标本；在中央大学生物系学习。

10
1951 年
（34 岁）
赴山东莱阳挖掘恐龙化石。

12
1954 年
（37 岁）
参加刘家峡至龙羊峡坝段地质考察；参加三门峡第四纪地质考察队。

14

1956 年
（39 岁）

参加由多个部门科技人员组成的"黄土研究小组"。

16

1963 年
（46 岁）

参加希夏邦马峰科学考察。

18

1978 年
（61 岁）

参加全国科学大会并获奖。

20

1981 年
（64 岁）

赴瑞士苏黎世联邦理工学院访问。通过研究，得出重要的黄土研究成果。

22

1991 年
（74 岁）

参加南极科学考察队；当选为发展中国家科学院院士。

24

2001 年
（84 岁）

赴青藏高原考察。

26

2003 年
（86 岁）

荣获国家最高科学技术奖。

15

1958 年
（41 岁）

领导开展对横穿黄土高原的 10 条大剖面的调查；主持编制"山西陕西黄土分布图""中国黄土分布图"。

17

1977 年
（60 岁）

参加托木尔峰登山科学考察。

19

1980 年
（63 岁）

当选为中国科学院院士。

21

1984 年
（67 岁）

获竺可桢野外科学工作奖。

23

1996 年
（79 岁）

赴北极考察；当选为欧亚科学院院士。

25

2002 年
（85 岁）

荣获泰勒环境成就奖。

27

2008 年
（91 岁）

因病逝世于北京。

词汇园地

① **黄土高原**：位于中国中部偏西北，是中国的四大高原之一，是中华民族古代文明的发祥地，是地球上分布最集中、面积最大的黄土区。

② **西南联合大学**：1938 年，北京大学、清华大学、南开大学在长沙组成的长沙临时大学西迁至昆明，改称西南联合大学。1946 年，三校各自迁回原址。

③ **地质学**：以地球为研究对象，研究地球的物质组成、内部构造、形成和演化规律及其在国民经济中应用的学科。

④ **水土流失**：指土地表面的肥沃土壤被水冲走或被风刮走。

⑤ **基岩**：指地球陆地表面疏松物质（土壤和底土）底下的坚硬岩石。

⑥ **黄土磁化率曲线**：黄土在地磁场作用下会产生磁性。黄土磁化率指黄土受单位强度的磁场磁化所产生的磁化强度，它会随着黄土层深度的变化而发生变化，形成一条曲线，即黄土磁化率曲线，能反映古气候的变化。

⑦ **泰勒环境成就奖**：创立于 1973 年，被认为是国际环境科学界的最高奖，也是世界科学界的最高奖之一。

⑧ **中央地质调查所**：创立于 1913 年，是中国最早建立的地质科学研究机构。

⑨ **古生物学**：研究地质历史时期的生物及其发展的学科。

⑩ **古脊椎动物学**：古生物学的重要分支学科，专门研究地质时期的各类脊椎动物，包括它们的形态、分类、生活习性、分布以及它们的起源、进化、发展历史等。

⑪ **第四纪地质学**：研究第四纪时期环境发展演变的学科，包括地壳运动、气候变化、沉积环境、生物演替等。

⑫ **环境科学**：指以人类的生存环境为研究对象，研究人类社会发展活动与环境演化规律之间的相互作用关系，寻求人类社会与环境协同演化、持续发展的途径与方法。

⑬ **环境地质学**：研究地质环境及其在人类活动影响下的变化规律的学科。

参考资料：

1. 刘东生口述，张佳静整理 . 黄土情缘：刘东生口述自传 . 长沙：湖南教育出版社，2017.

2. 潘云唐 . 刘东生传 . 北京：科学出版社，2018.

图书在版编目（CIP）数据

揭开黄土的奥秘 ： 刘东生的故事 / 张黎，任福君主编 ； 张佳静著 ； 李郭绘. — 北京 ： 北京出版社，2023.3（2025.4 重印）

（"共和国脊梁"科学家绘本丛书）

ISBN 978-7-200-15433-7

Ⅰ．①揭… Ⅱ．①张… ②任… ③张… ④李… Ⅲ．①刘东生（1917-2008）－传记－少儿读物 Ⅳ．①K826.14-49

中国版本图书馆CIP数据核字（2020）第010845号

选题策划　李清霞　袁　海
项目负责　刘　迁
责任编辑　张文川
装帧设计　张　薇　耿　雯
责任印制　刘文豪
封面设计　黄明科
宣传营销　郑　龙　王　岩　安天训　孙一博
　　　　　郭　慧　马婷婷　胡　俊

"共和国脊梁"科学家绘本丛书
揭开黄土的奥秘
刘东生的故事
JIEKAI HUANGTU DE AOMI

张　黎　任福君　主编
张佳静　著　李　郭　绘

出　　版：北京出版集团
　　　　　北京出版社
地　　址：北京北三环中路6号
邮　　编：100120
网　　址：www.bph.com.cn
总发行：北京出版集团
经　　销：新华书店
印　　刷：北京博海升彩色印刷有限公司
版印次：2023年3月第1版　2025年4月第6次印刷
成品尺寸：215毫米×280毫米
印　　张：2.5
字　　数：30千字
书　　号：ISBN 978-7-200-15433-7
定　　价：25.00元

如有印装质量问题，由本社负责调换
质量监督电话：010-58572393
责任编辑电话：010-58572346
团购热线：17701385675
　　　　　　18610320208